다시, 나를 찾다
Find Me Again

다시, 나를 찾다
Find Me Again

2022년 7월 11일 초판 1쇄 발행

글　　임은주 양성현

발행인　임은주
진행　　휴나에듀 연구팀
디자인　유지연
마케팅　휴나에듀 영업팀

펴낸곳　휴나에듀

주소　　경기도 고양시 일산동구 성현로 135번안길 117-13
전화　　1800-1105
팩스　　02-6280-1192
홈페이지　www.hunaedu.kr

ISBN　979-11-90662-21-5

* 이 책은 저작권법에 따라 보호받는 저작물이므로 무단 전재와 복제를 금지하며, 이 책 내용의 전부 또는 일부를 이용하려면 반드시 저작권자와 서면 동의를 받아야 합니다.

다시, 나를 찾다
Find Me Again

숨겨진 무의식을 통해
과거를 비추어 지금의 나를 세우고,
미래를 향해 나아가기 위한
나를 찾아가는 여정

임은주 · 양성현 지음

숨겨진 무의식을 통해
과거를 비추어 지금의 나를 세우고,
미래를 향해 나아가기 위한
나를 찾아가는 여정

다시, 나를 찾다
Find Me Again

우리의 무의식이 우리의 삶의 대부분을 결정한다는 것에 동의하시나요?

우리도 모르는 사이에 무의식은 우리가 생존에 유리한 선택을 하게 합니다. 매 순간마다 무의식의 도움으로 선택해온 일들이 쌓여 지금까지 살아온 인생이 되고 앞으로 살아갈 인생의 토대를 만들어 가게 됩니다.

이 책은 과거, 현재, 미래를 통해 나의 내면의 무의식을 들여다보고 내가 몰랐던, 아니면 애써 외면했던 진정한 나와 마주하게 합니다. 그래서 나 자신 그대로를 인정하고, 나의 진정한 가치를 찾아 새로운 삶을 위해 한 발자국 앞으로 나아가게 하기 위한 여정을 담았습니다.

또한 과거의 무의식을 의식화하여 진짜 나를 찾고, 미래의 의식(꿈, 바라는 일)을 무의식화하여 앞으로 나아갈 방향을 잡아주는 나침반과 같은 역할을 하게 합니다.

무의식은 알아차림 만으로도 큰 도움이 됩니다. 무의식은 나에게 '저 여기 있어요. 나를 봐주세요. 나의 이야기에 귀 기울여 주세요.'라고 끊임없이 이야기합니다. 예를 들어, 무의식이 하는 이야기를 잘 들어주지 않을 경우 당신의 꿈속에 나타나 상징으로 이야기하기도 하고 당신이 방심한 틈에 갑자기 떠오른 아이디어처럼 떠올려 주기도 합니다.

나는 과연 어떤 사람일까요? 나의 미래는 어떤 모습으로 다가올까요? 중간중간 질문에 대한 코칭을 함께 해 드리겠습니다. 숨겨져 있던 진정한 나를 알아차린다는 마음가짐으로 함께 100가지 질문에 답해보며 찾아보시지요.

나의
이야기를
적기 전에 ...

갑자기 자신의 과거, 현재, 미래에 대해 생각하고 적는 것이 어떤 이에게는 쉽지 않을 수도 있습니다. 그러나 이런 질문들은 누구에게 보여주기 위함이 아니고 나 스스로가 자신을 더욱 이해하고, 내가 원하는 것이 무엇인지 알며 더 나아가 내가 행복해지는데 꼭 필요한 과정이기에 편안한 마음으로 솔직하게 써보시길 바랍니다.

이 책의 질문들 중에 어떤 질문에는 답이 편안하고 수월하게 써지는 것도 있고, 또 어떤 질문에는 답하기 어렵고, 고민스러워지는 것도 있을 것입니다.

또, 어떤 질문은 금방 떠오르는 것도 있을 것이고, 또 어떤 질문은 아무리 생각해 봐도 쉽게 떠오르지 않을 수도 있습니다. 그럴 때는 펜을 잠시 내려

놓으시고 음악을 듣거나, 편하게 심호흡을 하며 몸을 이완시키는 것도 좋습니다. 아니면 아예 멈추고 다음으로 미뤄도 됩니다.

어떤 질문에는 하고 싶은 말이 많아 쓸 양이 많고, 또 어떤 질문에는 어떤 단어(이미지, 인물, 감정 등)로 떠오를 수 있습니다. 어떤 것이든 정답은 없기에 떠오르는 것을 자유롭게 적으시면 됩니다.

이 책은 내가 나에 대한 마음을 알아가고, 내가 나를 어떻게 생각하고 있는지 정리할 수 있는 기회가 되며, 앞으로의 삶을 살아가며 어떤 것에 가치를 두고 살아갈지 방향도 잡을 수 있습니다.

그리고 지금 이 순간 내가 생각하고 느끼는 나의 과거, 현재, 미래 그리고 사람들에 관한 이야기를 기록할 수 있습니다. 몇 년 후에 이 책을 펼쳤을 때 당시에는 현재였던 시간들이 과거로 흘러갔겠죠. 그때 내가 느꼈던 과거, 현재, 미래 그리고 사람들에 대한 생각과 느낌은 어떠했는지, 그리고 현재의 생각과 느낌은 어떻게 달라졌는지 시간의 흘러감에 따라 달라지는 나에 대해서도 알 수 있습니다.

이 책을 완성하며 꼭 다시 나를 찾게 되시길 바랍니다.

목차

Find Me Again

다시, 나를 찾다

나의 과거		9
지금의 나를 찾다		35
나와 주변 사람들		87
나의 미래		105
10년 후의 나에게 쓰는 편지		122

나의 과거

깊숙이 숨겨진 나의 무의식과 마주하다

앞으로 나아가려면 당신은 알아야만 한다.
그때 당신이 왜 그렇게 느꼈는지
그리고 왜 더 이상은 그렇게 느낄 필요가 없는지를

미치 앨봄

Q. 001 | 어린 시절의 첫 기억은 무엇인가요?

깊이 숨어있는 무의식을 꺼내기 위한(의식화) 첫 번째 과정입니다. 편안하게 떠오르는 기억을 살펴보세요. 잘 떠오르지 않는다면 어린 시절 사진을 보면서 떠올려도 좋습니다.

Q. 002 | 어린 시절 가장 좋았던 기억은 무엇인가요?

나의 삶에 긍정적인 영향을 준 무의식을 끄집어 내기 위한(의식화) 과정입니다. 생각만 해도 입가에 미소가 띄워지는 순간을 기억해 보세요.

어린 시절 어떤 놀이를 가장 좋아했나요?

어린 시절 놀이는 사회적 관계를 쌓는 연습을 하는 중요한 수단입니다. 어떤 놀이를 좋아했느냐에 따라서 현재 내가 하고 있는 협동, 경쟁 추구 또는 관계 기피 등에 관한 내용을 알아볼 수 있습니다.

나의 과거

어린 시절 별명은 무엇이었나요?
그 별명을 들을 때 기분은 어땠나요?

어린 시절의 별명은 간접적으로 무의식에 영향을 주게 됩니다. 기분 좋았던 별명은 긍정적인 영향을 주었을 테지만, 반대로 기분이 나빴다면 콤플렉스로 자리 잡는 경우도 있습니다. 깊은 곳에 숨겨진 무의식을 알아차리는 것만으로도 큰 진전입니다.

# 005 | 어린 시절 가장 크게 혼난 기억은 무엇인가요?

어린 시절 크게 혼이 났을 경우 뇌리에 박히듯 무의식적으로 가치관에 큰 변화를 가져올 수 있습니다. 혼이 난 후에 어떤 감정이 느껴졌고, 어떤 행동 변화가 있었는지 생각해 보세요. 만약 부정적인 행동 변화로 이어졌다면 지금이라도 알아차리고 다른 행동 변화를 시도해 보세요.

가장 싫었던 기억은 무엇인가요?

가장 싫었던 기억은 무의식적으로 혐오의 영역에 자리 잡게 됩니다. 그로 인해 이유 없이 싫은 감정을 느끼는 경우도 있습니다. 과거의 기억에서 그때 그것이 왜 싫었는지 되짚어 보세요.

가장 후회되는 일은 무엇인가요?

후회는 무의식의 죄책감과 자책의 영역에 자리 잡게 됩니다. 내가 후회를 어떻게 받아들이고 있느냐에 따라 다시 후회되는 일이 생겼을 경우 무의식은 훌훌 털고 후회하지 않는 선택을 하게 하거나 회피하게 하거나, 죄책감으로 괴로워하는 행동을 선택하게 만듭니다. 당신의 후회되는 일은 무엇이며 그것을 어떻게 받아들였나요?

Q. 008

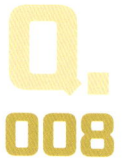

과거의 나에게 하고 싶은 말이 있나요?
있다면 어떤 말을 해주고 싶나요?

칭찬의 말을 하고 싶다면 무의식이 긍정적으로 강화되고, 위로나 격려를 하고 싶다면 눌려있던 무의식을 회복하는 계기가 될 수 있습니다.

Q. 009

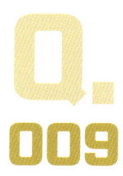

과거에 스스로 참 잘 한 일이었다고 생각하는 일은 무엇인가요?

과거에 내가 잘한 일은 현재 내가 잘하고 있고 자신감 있어 하는 일과도 관계가 있습니다. 과거에 내가 잘 한 일을 떠올리며 스스로를 격려하고 강화시켜 주세요.

Q. 010

내가 가장 큰 실패를 겪었던 경험은 어떤 경험이었나요?

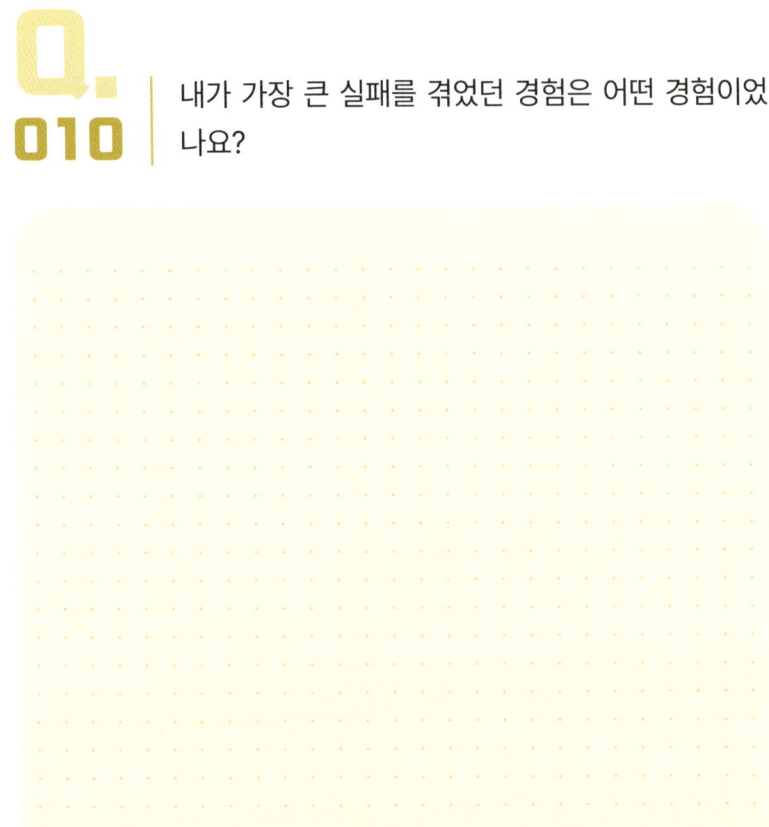

실패의 경험은 강도에 따라서 무의식적으로 차단시키려는 경우도 있고, 계속 떠올려 강화시키려는 경우도 있습니다. 실패했을 때의 감정보다는 무엇 때문에 실패했는가에 대한 원인을 생각해 보며 마무리하지 못한 실패의 경험을 깨끗하게 마무리하고 극복하세요.

Q.
011

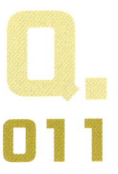

실패를 겪은 후 나의 달라진 점은 무엇인가요?

실패 시 나타나는 무의식적 행동은 회피나 분노, 슬픔으로 나타날 수 있습니다. 그리고 타인과 자신에 대한 경멸로 나타날 수도 있습니다. 또다시 실패를 경험할 경우 무의식적으로 과거와 똑같은 양상이 나타날 수 있습니다.

Q. 012

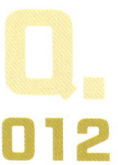

살면서 가장 두려웠던 기억은 무엇인가요?

가장 두려웠던 기억은 무의식의 차단으로 잘 기억나지 않을 수도 있습니다. 또 크게 놀란 것을 두려움으로 착각할 수도 있습니다. 두려움이란 감정에 초점을 맞춰 잘 생각해 보세요. 알아차리기만 해도 극복하는데 절반은 온 거예요.

Q. 013 | 누군가를 미워했던 적은 언제였나요?

> 미움은 나의 열등감(자격지심), 업신여김에 대한 두려움 또는 분노, 나에 대한 방해로 나타나기도 합니다.

가장 지우고 싶은 기억은 어떤 기억인가요?

지우고 싶은 기억은 의식과 무의식 두 곳에 정착한 기억으로 잘 지워지지 않습니다. 하지만 어떤 마음가짐으로 대하느냐에 따라 달리 생각할 수 있습니다. '괜찮아, 별거 아니었어.'라고 스스로를 위로하고 다독여주세요. 그래서 지우고 싶은 기억을 보기 좋게 덧칠해 주시면 됩니다.

Q. 015

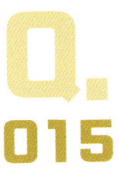

어린 시절 나의 꿈은 무엇이었나요?

'넌 커서 뭐가 되고 싶어?'라고 물었을 때의 미래에 대한 대답이 아닌 어릴 때 혼자서 상상하고 바랬던 나의 모습, 친구들과의 관계, 관심거리를 떠올리세요. 그 꿈이 바로 지금 당신을 여기까지 이끌어준 원동력 중 하나인 무의식 속의 욕구입니다.

어린 시절 가장 기억에 남는 여행지는 어디인가요?
가장 기억에 남는 이유는 무엇인가요?

어린 시절 가장 기억에 남은 여행지는 새로운 환경을 대하는 나의 무의식이 담겨있습니다. 기억에 남는 이유는 새로운 환경을 대하는 나의 무의식 속 가치관입니다.

Q. 017

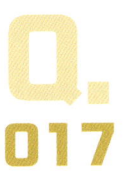

가장 기억에 남는 선물이나 편지는 무엇인가요?

가장 기억에 남는 선물이나 편지는 나에게 큰 상징이 되어 무의식에 자리 잡습니다. 따뜻함과 기쁨 또는 사랑 등 그때 선물이나 편지가 주는 상징은 무엇이었는지 생각해 보세요.

Q. 018

지나간 인연 중 다시 만나고 싶은 사람이 있나요?
있다면 무엇 때문인가요?

지나간 인연 중 다시 만나고 싶은 사람이 있다면 관계 속에서 아직 채우지 못한 욕구가 있는 것일 수 있습니다. 무엇 때문이었는지 생각해 보고 그 속의 욕구도 함께 알아차려 주세요.

Q. 019 | 나의 성장 환경에서 바꾸고 싶은 것은 무엇인가요?

바꾸고 싶은 환경은 나를 방해했던 무의식적 요소입니다. 아직도 방해의 무의식에 갇혀 있다면 빠져나오세요.

Q. 020

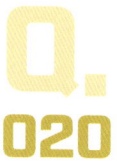

지금껏 한 행동들 중에 가장 미쳤다고 생각되었던 행동은 무엇인가요?

내가 가장 미쳤다고 생각되었던 행동은 무의식이 의식을 뛰어넘는 큰 표출입니다. 그때의 상황과 그때 내가 가지고 있던 욕구도 잘 떠올려 보세요. 내 무의식이 어떤 것에 가장 큰 반응을 하는지 알 수 있어요.

Q. 021

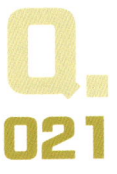

과거로 갈 수 있다면 언제로 돌아가고 싶은가요?
이유는 무엇인가요?

돌아가고 싶은 과거는 추억이 이유일 수도 있고, 후회도 이유일 수 있습니다. 잠시 그때로 돌아가 그때의 나와 마주했다고 상상하고 하고 싶은 이야기를 해주세요. 칭찬도 좋고, 위로나 격려도 좋습니다.

Q. 022

용서받고 싶은 사람이 있나요? 그 이유는 무엇인가요?
용서받기 위해서는 어떻게 해야 할까요?

용서를 받고 싶다는 것은 상대방에게 잘못을 하거나 상처를 주고 아직 해결되지 않은 상태를 의미합니다. 용서를 받기 위한 첫 번째 과정은 그때 느꼈던 나의 감정을 정리하고 두 번째는 변명보다는 그때의 감정을 용기 내어 솔직하게 이야기하는 것입니다.

Q. 023

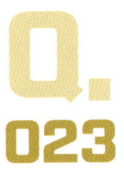

어린 시절 중 다행이라고 생각하는 것은 무엇인가요?

과거의 다행스러운 기억은 부정적인 상황에서 긍정적인 에너지를 주는 중요한 요인 중 하나입니다. 더 나쁜 상황이 아니라서, 나쁜 상황 중에서도 그중 하나는 좋은 것이라서 우리는 다행이라고 생각하죠. 감사하는 마음은 다행스러운 일을 찾는데 더욱 도움을 줍니다.

나의 과거에 대해 느껴지는 감정에
○ 체크해 보세요.

그립다 • 고맙다 • 기쁘다 • 두렵다

혼란스럽다 • 괴롭다 • 답답하다 • 부럽다

얄밉다 • 힘들다 • 마음 아프다 • 미안하다

슬프다 • 자랑스럽다 • 서럽다 • 쓸쓸하다

외롭다 • 후회스럽다 • 억울하다 • 짜증나다

화나다 • 편안하다 • 안심되다

지금의 나를 찾다

무의식의 알아차림을 통해
진정한 나를 바라보는 시선

정서적으로 건강한 사람들은
죄책감 없이 자신의 요구를 충족시키고,
자신을 희생하지 않으면서
다른 사람들과 관계를 맺을 수 있다.

제임스 앤드루 호그

Q.024 | 현재의 삶에 만족하세요?

> 나의 현재 삶의 만족도는 과거부터 이어져온 나의 전체적인 삶에 대한 무의식의 평가 기준이 됩니다. 나의 과거의 삶을 내가 어떻게 평가하느냐에 따라 그것이 기준이 되어 현재의 삶을 평가하기 때문입니다.

요즘 내가 주로 느끼는 감정은 무엇인가요?
무엇을 할 때 이런 감정을 느끼나요?

놀람 • 서운함 • 두려움 • 뿌듯함
부끄러움 • 후회 • 만족 • 슬픔 • 미안함 • 사랑
미움 • 질투 • 속상함 • 자신감 • 실망
용기 • 짜증 • 즐거움 • 측은함 • 낯설다 • 화
너그러움 • 편안함 • 억울함 • 행복 • 희망
기쁨 • 감동 • 그리움 • 고마움 • 외로움 • 신남

요즘 내가 주로 느끼는 감정은 무의식의 방향을 알 수 있는 나침반입니다.

Q. 026 내가 느끼고 싶은 감정은 무엇인가요? 무엇을 하면 이 감정을 느낄 수 있을까요?

놀람 • 서운함 • 두려움 • 뿌듯함
부끄러움 • 후회 • 만족 • 슬픔 • 미안함 • 사랑
미움 • 질투 • 속상함 • 자신감 • 실망
용기 • 짜증 • 즐거움 • 측은함 • 낯설다 • 화
너그러움 • 편안함 • 억울함 • 행복 • 희망
기쁨 • 감동 • 그리움 • 고마움 • 외로움 • 신남

> 내가 느끼고 싶은 감정은 의식의 방향을 알 수 있는 나침반입니다. 25번 문항과 차이가 많이 난다면 의식과 무의식의 조율이 필요합니다. 무의식과 의식이 크게 상반된 경우 삶이 우울하고 지루하다고 느껴질 수 있습니다.

Q.
027

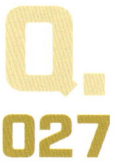

내가 다른 사람과 특히 다른 점은 무엇인가요?

다른 사람에 비추어 나를 보는 것은 의식이 바라보고 있는 나의 모습입니다.

 나의 장점 10가지를 적어보세요.

> 갑자기 떠오르는 장점에는 별표(★)를, 생각하고 있었던 장점에는 삼각형(▲)을 그려주세요. 갑자기 떠오르는 장점은 무의식의 영역에서, 평소 생각하고 있던 장점은 의식의 영역에서 생각한 장점일 수 있습니다. 무의식의 장점이 훨씬 더 강력한 영향을 주는 경향이 있습니다.

Q.029 나의 단점이나 불만스러운 점은 무엇인가요?

주관적이면 무의식, 객관적이면 의식일 확률이 높습니다. 의식적인 불만과 단점은 노력으로 개선해야 하고, 무의식적인 불만과 단점은 의식과 무의식의 조율로 개선할 수 있습니다.

요즘 나의 신체 중 아픈 곳이 있나요?
어떻게 하면 좀 나아질까요?

신체가 아플 때 무의식은 모든 선택을 아픈 신체를 향해 집중합니다. 빠른 시일 내로 회복이 가능하다면 괜찮지만, 회복의 시간이 길어지거나 회복 불가능하다면 아픈 신체에 집중된 무의식을 분산할 필요가 있습니다. 왜냐하면 그 고통으로 인해 다른 일상 생활이나 관계가 어려워질 수 있기 때문입니다.

Q. 031 내가 생각하는 나는 어떤 사람인가요?

[욕심 있는 / 욕심 없는] [털털한 / 예민한]

[용감한 / 겁이 많은] [성격이 급한 / 느긋한]

[쾌활한 / 의욕 없는] [참을성 있는 / 화를 잘 내는]

[깔끔한 / 지저분한] [재미있는 / 재미없는]

[마음이 강인한 / 마음이 여린] [질투심 많은 / 너그러운]

[겸손한 / 잘난체하는] [부끄러움 많은 / 용기 있는]

[상냥한 / 무뚝뚝한] [사교적인 / 혼자 있는 걸 좋아하는]

[독립심 강한 / 남에게 의존하는] [까다로운 / 소탈한]

[믿음직스러운 / 의심스러운] [다정한 / 정이 없는]

[긍정적인 / 부정적인] [편파적인 / 공정한]

[책임감이 강한 / 무책임한] [창의적인 / 고지식한]

[끈기 있는 / 참을성 없는] [침착한 / 덤벙거리는]

[적극적인 / 소극적인] [성실한 / 게으른] [신중한 / 충동적인]

'내가 생각하는 나'는 나의 내면을 꿰뚫어 볼 수 있는 방법 중 하나입니다. 하지만 무의식의 방어기제로 인해 내면을 제대로 보기 어려운 경향이 있습니다.

타인이 생각하는 나는 어떤 사람일까요?

[욕심 있는 / 욕심 없는] [털털한 / 예민한]
[용감한 / 겁이 많은] [성격이 급한 / 느긋한]
[쾌활한 / 의욕 없는] [참을성 있는 / 화를 잘 내는]
[깔끔한 / 지저분한] [재미있는 / 재미없는]
[마음이 강인한 / 마음이 여린] [질투심 많은 / 너그러운]
[겸손한 / 잘난체하는] [부끄러움 많은 / 용기 있는]
[상냥한 / 무뚝뚝한] [사교적인 / 혼자 있는 걸 좋아하는]
[독립심 강한 / 남에게 의존하는] [까다로운 / 소탈한]
[믿음직스러운 / 의심스러운] [다정한 / 정이 없는]
[긍정적인 / 부정적인] [편파적인 / 공정한]
[책임감이 강한 / 무책임한] [창의적인 / 고지식한]
[끈기 있는 / 참을성 없는] [침착한 / 덤벙거리는]
[적극적인 / 소극적인] [성실한 / 게으른] [신중한 / 충동적인]

타인이 생각하는 나의 모습은 나의 사회적 모습이며 의식적으로 보이는 또 다른 나의 모습일 수 있습니다.

Q. 033

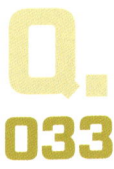

내가 가장 좋아하는 말은 무엇인가요?
그 말에는 어떤 감정이 담겨있나요?

의식과 무의식을 조율하는 방법 중 하나입니다. 생각나는 대로 써보시고, 스스로에게 자주 읽어주시며 감정을 느껴보세요. 분명 나를 긍정적인 방향으로 이끌어 줄 것입니다.

Q. 034 | 내가 가장 싫어하는 말은 무엇인가요? 그 말에는 어떤 감정이 담겨있나요?

의식과 무의식을 조율하는 방법 중 하나입니다. 생각나는 대로 써보시고, 자주 그 말과 감정을 극복하는 상상을 해보세요.

Q. 035 | 내가 가장 하기 좋아하는 일은 무엇인가요?

> 내가 하면서 긍정적인 감정이 느껴지는 일을 적어보세요. 그리고 그 일을 좋아하는 이유도 무엇인지 생각해 보세요. 그 이유가 나 자신 내부의 요인인지 아니면 타인이나 환경의 요인 때문인지 알 수 있어요.

Q. 036

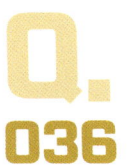

내가 가장 하기 싫어하는 일은 무엇인가요?

내가 하면서 부정적인 감정이 느껴지는 일을 적어보세요. 그리고 그 일을 싫어하는 이유도 무엇인지 생각해 보세요. 그 이유가 나 자신 내부의 요인인지 아니면 타인이나 환경의 요인 때문인지 알 수 있어요.

Q. 037

내가 가장 좋아하는 음식은 어떤 음식인가요?
그 음식은 어떤 추억이 있나요?

🌙 음식은 일차적으로 생존에 꼭 필요한 요소이자 살아가기 위한 에너지를 주는 요소입니다. 하지만 그것 외에도 엄마의 구수한 된장찌개처럼 음식에 관련된 인물이나 상황에 관련된 기억이나 추억도 그 음식을 좋아하게 만드는 이유가 될 수 있습니다.

Q. 038

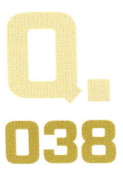

나의 롤모델은 누구인가요?
이유는 무엇인가요?

롤 모델을 정하는 것은 의식적으로 방향을 설정하고 무의식이 그 방향으로 나아가게 해주는 좋은 방법 중 하나입니다. 만약 롤 모델이 없다면 내 상상 속 인물에 이름을 붙여 설정하셔도 좋습니다.

현재 나에게 가장 중요한 가치는 무엇인가요?

가족 • 돈 • 명예 • 건강 • 배움 • 친구 • 사랑 • 일

중요한 가치를 두는 것은 의식적으로 방향을 설정하고 무의식이 그 방향으로 나아가게 해주는 또 하나의 방법입니다. 중요한 가치가 너무 많을 경우 무의식에서 서로 상반되는 결과를 가져올 수도 있습니다.

Q.040

나에게 가장 편안한 공간은 어디인가요?
이유는 무엇인가요?

편안한 공간은 나의 무의식과 의식 그리고 감정의 에너지를 충전하는 상징적인 장소입니다. 만약 아직 없다면 지금이라도 나의 편안한 공간을 만들거나 정해보세요.

Q. 041

나에게 가장 편안한 시간대는 언제인가요?
이유는 무엇인가요?

나에게 가장 편안한 시간은 무의식이 가장 활동적인 시간입니다. 이 시간대에 짧은 명상을 해보시는 것을 추천합니다.

요즘 내가 가장 많이 연락하거나, 가까이 지내는 사람 10명을 꼽는다면 누구인가요?

나에게 무의식적으로 긍정적인 에너지를 주는 관계입니다. 여유가 된다면 각각의 사람들이 나에게 어떤 긍정적인 에너지를 주는지 적어보세요.

지금의 나를 찾다

요즘 나에게 스트레스를 주는 것은 무엇인가요?
이유는 무엇인가요?

적당한 스트레스는 무의식이 나를 보호하게 하고, 나로 하여금 철저한 준비를 하게 해 발전하게 해주지만 공포와 끝없는 불안, 크나큰 상실로 오는 스트레스는 무의식을 마비시킵니다. 적당한 스트레스 해소 방법을 찾아 무의식의 근육을 단련시켜주세요.

최근 가장 마음이 상했던 일은 어떤 일이었나요?

최근 가장 마음이 상했던 일은 무의식의 그림자로 잠식되지 않게 누군가에게 속상한 마음을 이야기하거나, 편지를 써보세요. 앞으로 속상한 마음이 들면 누군가에게 이야기하거나, 편지를 써서 속상한 마음을 쏟아내세요. 편지를 쓰고 꼭 전해주지 않아도 돼요. 속상했던 일들이 무의식의 그림자로 잠식되면 나도 모르게 불편한 일들이 생기게 됩니다.

지금의 나를 찾다

스트레스를 받거나 마음이 상했을 때 주로 하는 행동은 무엇인가요?

🌙 스트레스를 받거나 마음이 상했을 때 주로 하는 행동이 단기적으로나 장기적으로 보았을 때 나에게 도움이 되는 일인가요? 만약 그렇지 않다면 다른 방법을 찾아보세요.

Q. 046 | 최근에 가장 행복하다고 느낀 일은 무엇인가요?

최근에 가장 행복하다고 느낀 일은 무의식이 미래로 향하는 방향입니다. 무엇 때문에 행복을 느꼈는지 자세히 생각해 보세요. 그냥 넘기지 말고 자세하게 분석하고 의식화하세요.

최근에 가장 감사하다고 느낀 일은 무엇인가요?

> 감사한 일이 잘 생각이 난다면 좋지만 그렇지 않다면 무의식적으로 욕구불만이 자리 잡고 있을 가능성이 있습니다.

최근에 했던 말이나 행동 중 후회되는 것이 있다면 어떤 것이었나요?

후회는 자신을 되돌아볼 수 있는 의미 있는 행동입니다. 후회를 통해 좀 더 성숙한 나로 발전하게 됩니다.

Q. 049

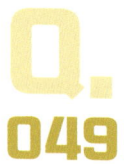

최근에 울었던 적이 있나요?
어떤 일 때문이었나요?

우리는 슬픔, 억울함, 감동, 행복, 두려움 등의 이유로 눈물을 흘립니다. 눈물은 우리의 감정을 나타내며, 때로는 감정의 정화를 돕기도 합니다.

지금까지 살아오면서 가장 잘 한일은 무엇인가요?

가장 잘했다고 생각하는 일은 나의 가치관을 기준으로 의식과 무의식, 그리고 나의 행동이 가장 크게 일치할 때 느낄 수 있습니다.

지금의 나를 찾다

한 가지 재능을 선택해서 가질 수 있다면 어떤 재능을 원하나요?

> 재능을 발휘하는 상상을 아주 자세하게 해보세요. 언제 어디서 무엇을 어떻게 왜 하였는지 말이에요. 나도 모르게 언젠가 비슷한 상황이 오면 무의식이 그 재능을 발휘하게 만들어 줄 수 있습니다.

Q. 052 | 꼭 하고 싶었던 일이었는데 하지 못한 일이 있다면 그 일은 무엇이며 하지 못한 이유는 무엇이었나요?

하지 못하게 방해받았거나 걸림돌이 되었던 이유를 곰곰이 생각해 보세요. 극복 가능하다면 조금 더 노력해 보시고, 극복할 수 없다면 포기하지 말고 인정을 해보세요. 인정한다는 것은 무의식에게 새로운 길을 찾으라고 명령하는 일입니다.

지금의 나를 찾다

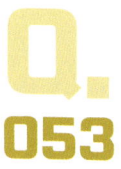

Q. 053

한 달 동안 자유가 주어진다면 무엇을 하고 싶으세요?

한 달 동안 자유가 주어진다면 무엇을 하고 싶은지 자유롭게 상상해 보세요. 상상하는 동안 긍정적인 에너지가 발생하게 됩니다. 그리고 정말 여유로운 시간이 생겼을 때 그 시간을 허투루 쓰게 되지 않을 것입니다.

Q. 054 나의 인생에서 사랑은 어떤 의미인가요?

사랑은 소중함, 신뢰, 아름다움, 좋음, 예쁨, 귀여움 등 다양한 감정들이 복합되어 나타난 감정입니다. 나 자신이 사랑에 부여하는 의미가 무엇인지 다시 생각해 볼 수 있는 기회를 가져보세요.

지금의 나를 찾다

나에게 절대 농담을 하지 말아야 할 주제가 있다면 무엇인가요?

나에게 절대 농담을 하지 말아야 할 주제는 나의 의식과 무의식 모두가 거부하고 상처가 아물지 않은 것입니다. 이것이 사람들과의 관계를 힘들게 한다면 마음가짐을 한번 바꿔보는 건 어떨까요? 마음가짐이 바뀌지 않는 한 내가 아무리 노력을 해도 절대 바뀌지 않습니다. 한번 속으로 외쳐보세요. "그럴 수 있어!"

자신의 몸과 마음 중 늙지 않을 수 있는 한 가지가 있다면 어느 쪽을 선택할 것인가요?

몸을 선택했다면 밖으로 향하는 외향적 무의식이 강한 편이고, 마음을 선택했다면 안으로 향하는 내향적 무의식이 강한 편입니다.

057

어느 누구와도 같이 식사를 할 수 있다면 어떤 사람과 식사를 하고 싶나요?

음식을 먹는 것은 생존 욕구 중 가장 중요한 부분입니다. 누군가와 함께 식사를 하고 싶다는 것은 무의식적으로 함께 생존한다는 매우 상징적인 의미가 있습니다. 관계가 소원한 사람이 있다면 함께 식사를 해보세요. 나의 무의식이 나도 모르게 갈등 해결의 실마리를 줄 수도 있어요.

Q. 058 | 나에게 초능력이 생긴다면 어떤 초능력이 있으면 좋겠나요?

> 초능력에 대한 상상은 내 무의식이 좋아하는 놀이터입니다. 초능력을 생각만 해도 아주 다양한 상상들을 무의식이 떠올려 줍니다. 쇼핑할 때도 비슷한 무의식이 작동합니다.

Q. 059

시간 여행을 할 수 있다면 과거로 가고 싶나요?
미래로 가고 싶나요? 이유는?

과거로 갈 것인지 미래로 갈 것인지에 따라 무의식이 나를 이끄는 방향을 가늠해 볼 수 있습니다. 과거를 택했다면 성숙에 의미가 있고 미래를 택했다면 발전의 의미가 있습니다.

Q. 060

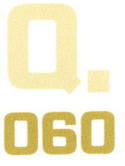

유명한 인물이 될 수 있다면 누가 되고 싶나요?

38번 문항의 롤 모델과는 다른 의미입니다. 롤 모델은 무의식의 방향성을 제시하지만 유명한 인물은 나의 내재된 욕구 불만을 대리만족할 수 있는 대상입니다. 대리만족은 살아가는 데 있어 스스로 해소할 수 없는 욕구를 어느 정도 해소시켜주는 중요한 요소이기도 합니다.

 언제 가장 외롭나요?

외로움 또는 고독이라고 할까요? 외로움은 나 자신을 보게 하고 내면의 무의식을 보게 합니다. 자신의 내면을 성찰하면서 더욱 성장할 수 있지요. 반면에 내면을 보기 싫어 의식적으로 외로움을 회피하거나 마주 보기를 꺼려 한다면 성장이 더딜 수 있습니다.

어려움이 있을 때 누구와 의논하나요?

보통 어려움이 생기면 먼저 혼자 어려움을 이겨낼 수 있는 방법을 생각하거나 찾지요. 그래도 어려움이 해결되지 않을 경우 다른 사람과 의논을 합니다. 그 상대를 선택하는 것은 우리의 무의식인데요. 무의식은 가장 신뢰하는 상대와 의논을 하게 만들어 새로운 자극을 통해 해결책을 찾으려 하는 것입니다.

Q.063 힘들 때 가장 위로가 되는 말이나 행동은 무엇인가요?

힘들 때 위로가 되는 말이나 행동은 3가지 방향이 있습니다. 앞에서 끌어당겨주는 인생 선배 같은 위로, 뒤에서 밀어주는 부모님 같은 위로, 옆에서 함께하는 친구 같은 위로입니다. 내가 가장 큰 위로를 받는 유형이 위 3가지 중 무엇에 해당하나요?

요즘 나는 무엇을 배우고 싶나요?

배우고 싶다는 것은 무언가를 이루기 위한 과정을 습득하는 것이지요. 배움을 통해 무엇을 이루고 싶으신가요? 이루고 싶다는 것은 나를 이끌어줄 무의식의 방향을 잡아주는 역할을 합니다.

Q. 065 | 나에게 행복한 삶이란 어떤 의미인가요?
행복해지기 위해 무엇을 해야 할까요?

행복의 대부분은 만족에서 시작됩니다. 아무리 힘든 상황에서도 조그마한 만족을 찾으면 행복이 찾아올 확률이 높습니다. 소확행(소소하고 확실한 행복)을 찾는 것도 좋고, 무기력한 상황이라면 쉽게 성공할 수 있는 쉬운 일을 찾아서 만족을 느껴보세요.

요즘 가장 하고 싶은 것은 무엇인가요?
그것을 할 때 어떤 감정이 드나요?

> 가장 하고 싶은 것을 하면 만족감도 들지만 그 일로 인해 하지 못한 일들이 있을 수도 있어 다른 한편으로는 약간의 걱정이 들기도 합니다. 하지만 걱정은 잠시 떨쳐두고 그 시간을 최대한 즐기세요. 더욱 큰 만족감이 찾아올 수도 있으니까요.

Q.
067

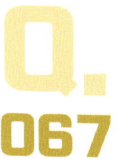

나는 하루 중 무엇에 가장 많은 시간을 쓰고 있나요?

가장 많은 시간을 쓰고 있는 일이 좋아서 하는 일 일 수도 있고 하기 싫은 일 일 수도 있습니다. 하기 싫은 일이라면 하기 싫은 이유를 떠올려 보세요. 그 이유를 알아채고 약간만 수정해도 하기 싫은 일이 조금은 좋아질 수도 있습니다.

내 인생 영화는 무엇인가요?

내 인생 영화는 무의식 관점에서 보면 나에게 충만한 감동과 감정을 전해주어 기억에 강렬하게 남았을 확률이 높습니다. 감정은 무의식의 언어 중 하나로 충만한 감정 자극은 영감을 얻는 데 도움을 줍니다.

내 인생 음악은 무엇인가요?

인생 음악 역시 나에게 충만한 감동과 감정을 전해줄 뿐만 아니라 창의적인 영감을 떠올려 주기도 합니다.

내 인생 책은 무엇인가요?

🌙 인생 책은 영화와 음악처럼 나에게 충만한 감동과 감정을 전해줍니다. 한편으로 독서가 중요한 이유는 책을 읽은 후 지금 당장은 떠오르지 않지만 어느 순간 책의 한 구절이 나에게 큰 영감을 전해 주기도 합니다.

아래 문장을 완성해 보세요.

나 스스로와 약속을 한 것이 있다. / 없다.

있다면 _____(이)고

나는 그것을 잘 지키고 있다. / 잘 지키지 못하고 있다.

☽ 스스로와의 약속과 다짐은 대부분 의식의 영역에서 이루어집니다. 스스로와의 약속이 잘 지켜지는 경우 의식과 무의식의 조율이 잘 이뤄지고 있는 경우이지만, 스스로와의 약속이 잘 지켜지지 않는 경우는 나의 의지가 약하거나 게을러서가 아닌 무의식과의 조율이 안됐기 때문입니다. 보통 꾸준히 해야 하는 스스로의 약속을 무의식과 조율하기 위해서는 시작하면서 찾아오는 6번 위기와 6주간의 적응 기간을 거치고, 6개월 후에 정착이 되기 때문에 여유가 필요합니다. 기억하세요. 우리를 움직이게 하는 것은 의식보다 무의식적 요소가 훨씬 큽니다. 의식이 자동차의 시동을 걸고 내비게이션에 목적지를 정하는 행동이라면, 무의식은 엑셀을 밟고 핸들을 조작하고 목적지에 도착하게 하는 것입니다.

Q. 072 오늘도 무사히 살아낸 나에게 어떤 말을 해주고 싶은가요?

나 스스로가 내면의 무의식에게 힘을 주는 방법
❶ 나의 무의식에 가장 편하게 부를 수 있는 이름을 지어주세요.
❷ 지어준 이름을 부르며, 나를 잘 이끌어 줘서 고맙다고 이야기해주세요.
무의식은 자신을 알아주는 것만으로도 큰 힘을 발휘합니다.

지금의 나를 찾다

나의 현재에 대해 느껴지는 감정에 O 체크해 보세요.

그립다 • 고맙다 • 기쁘다 • 두렵다

혼란스럽다 • 괴롭다 • 답답하다 • 부럽다

얄밉다 • 힘들다 • 마음 아프다 • 미안하다

슬프다 • 자랑스럽다 • 서럽다 • 쓸쓸하다

외롭다 • 후회스럽다 • 억울하다 • 짜증나다

화나다 • 편안하다 • 안심되다

나와 주변 사람들

너그럽고 선한 마음으로
누구에게나 친절을 베풀고,
이해관계를 떠나서
항상 어린 마음으로 대하라.
그런 마음 자체가
따스한 체온이 되기 때문이다.

블레즈 파스칼

Q. 073

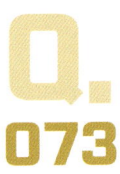

내가 친구라고 생각하는 사람은 몇 명인가요?
그중 가장 소중한 친구 한 명을 소개해 주세요.

내가 생각하는 친구의 기준은 무엇인가요? 내가 꼽은 그 친구는 무엇 때문에 가장 소중한가요? 내가 생각하는 친구의 기준에 대해 생각해 볼 수 있습니다.

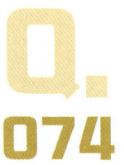

Q. 074 나의 가치관에 영향을 미친 사람은 누구인가요?

나의 가치관에 영향을 미친 사람은 나에게 가장 중요한 사람이자, 내가 선망하는 사람일 수 있습니다.

Q. 075

가장 잊고 싶은 사람은 누구인가요?

🌙 내가 가장 잊고 싶은 사람은 나에게 상처를 준 사람일 수도 있고, 관계가 어렵고 힘든 사람이었을 수도 있겠지요. 그런 사람이 있어 괴롭다면 이렇게 생각해 보는 건 어떨까요? "그 사람으로 인해 나는 더 나은 사람이 되었다. 더 성장했다."라고 말입니다.

Q. 076

가장 보고 싶은 사람은 누구인가요?

가장 보고 싶은 사람은 나의 그리움, 사랑의 대상일 확률이 높겠죠.

나에게 가족이란 어떤 의미인가요?

🌙 가족의 의미는 사람마다 다를 것입니다. 안정과 사랑의 대상인 사람도 있겠지만, 분노와 두려움, 부담의 대상인 경우도 있겠지요. 각자 가족의 의미가 다르면 다른 대로 받아들이고, 인정하면 됩니다. 그로 인해 죄책감을 갖거나 다른 사람을 원망하진 않으셨으면 합니다. 가족은 내가 선택할 수 있는 존재가 아니니까요.

나에게 친구란 어떤 의미인가요?

어떤 사람은 친구가 재미의 대상이고, 어떤 사람은 의논의 대상이며, 어떤 사람은 시기의 대상이고, 또 어떤 사람은 발전의 원동력이 되기도 합니다. 당신에게 친구는 어떤 의미인가요?

 나는 좋은 친구인가요? 좋지 않은 친구인가요?
그렇게 생각하는 이유는 무엇인가요?

내가 어떤 친구인지 생각해보세요. 그리고 더 좋은 친구가 되고 싶다면 부족한 부분을 노력하면 되겠죠?

좋은 일이 생겼을 때 가장 생각나는 사람은 누구인가요?

좋은 일이 생겼을 때 가장 생각나는 사람은 나의 기쁨을 온전히 함께해 줄 수 있는 안전한 대상일 수도 있고, 내가 평소 인정받고 싶어 하는 대상일 수도 있습니다.

Q. 081

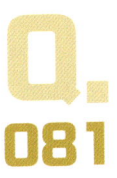

나를 가장 잘 이해해주는 사람은 누구인가요?

우리는 나의 마음을 잘 알아주는 사람에게서 이해받는다고 느낍니다. 그 사람은 그만큼 나를 잘 알고, 사랑하는 사람이겠죠? 내가 이해받는다고 느끼는 만큼 나도 그 사람을 이해해 주고 있는지에 대해서도 한번 생각해 보시길 바랍니다.

이성을 볼 때 가장 중요하게 생각하는 것은 무엇인가요?

외모 • 성격 • 재력 • 능력 • 집안 • 몸매 • 화술

이성을 보는 가치관이 어떠한지 알 수 있습니다.

Q. 083 주변 사람들을 떠올렸을 때 누군가로부터 도움을 받았던 적이 있었나요?

> 어려울 때 타인으로부터 도움을 받았던 경험은 우리가 살아가는 데 있어 큰 힘을 줍니다. 나에게 도움을 주었던 사람에게 다시금 감사한 마음을 느껴보시길 바랍니다.

Q. 084 누군가에게 큰 도움을 준 적이 있었나요?

타인을 돕는다는 것은 그 사람에게 위로와 희망을 주는 일이라고 생각합니다. 도움은 받는 사람과 주는 사람 모두에게 긍정적인 감정을 느끼게 합니다.

Q. 085

요즘 나와 관계가 힘든 사람이 있나요?
그 사람의 장점은 무엇인가요?

나와 관계가 힘든 사람은 부정적으로 보기가 쉽죠. 하지만 그 사람과 관계를 지속해야 하는 사이라면 장점을 한번 생각해보세요. 그러면 그 사람과의 새로운 관계가 열릴지도 몰라요.

Q.
086

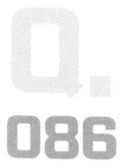

나의 인생 그래프를 그려보세요.

긍정적
부정적
10세
20세
30세
40세
50세
60세

나의 주변 사람들에 대해 느껴지는 감정에
○ 체크해 보세요.

그립다 • 고맙다 • 기쁘다 • 두렵다

혼란스럽다 • 괴롭다 • 답답하다 • 부럽다

얄밉다 • 힘들다 • 마음 아프다 • 미안하다

슬프다 • 자랑스럽다 • 서럽다 • 쓸쓸하다

외롭다 • 후회스럽다 • 억울하다 • 짜증나다

화나다 • 편안하다 • 안심되다

개미와 비둘기

「이솝 우화」에 개미와 비둘기 이야기가 있습니다.
어느 날 마을에 홍수가 나서 개미가 상물에 휩쓸리게 됩니다.
이를 본 비둘기가 나무 위에서 나뭇잎을 하나 떨어뜨려 줍니다.
개미는 나뭇잎 때문에 목숨을 건지게 됩니다.
오랜 세월이 흘러 숲속에 평화가 돌아왔습니다.
그런데 사냥꾼이 나타나서 그때 그 비둘기를 향해 총을 겨누고 있었습니다.
일촉즉발의 순간입니다.
이때 그 개미가 사냥꾼의 발목을 깨물어 비둘기가 목숨을 건지게 됩니다.

아무것도 도와주지 못할 정도로 아무것도 아닌 사람은 없습니다.
반대로 누구의 도움도 필요하지 않을 정도로 완벽한 사람도 없습니다.

나의 미래

내가 바라는 방향으로 무의식의 나침반을 설정하다

지혜로운 사람은 당황하지 않고,
어진 사람은 근심하지 않으며
용기 있는 사람은 두려워하지 않는다.

공자

Q. 087 연령마다 이루고 싶은 꿈은 무엇인가요?

20대

30대

40대

50대

60대

70대

80대

그 이후

시간의 흐름에 따라 나의 무의식에 목적지를 설정해 주는 작업입니다.

나의 미래

Q. 088

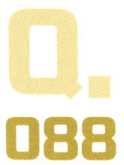

내가 앞으로 중요하게 여기며 살아갈 가치는 무엇인가요?

가치는 설정한 목적지에 어떻게 갈 것인가에 대한 방법을 찾는 작업입니다.

Q. 089

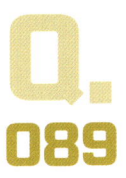

미래의 나에게 하고 싶은 말은 무엇인가요?

미래의 나에게 하고 싶은 말을 생각하려면 먼저 나의 미래의 모습을 상상하게 됩니다. 이때 미래의 모습에 관한 이미지에는 좀 더 구체적인 상상이 더해집니다.

Q. 090

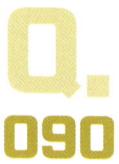

앞으로 해결해야 할 나의 고민은 무엇인가요? 이를 위해 내가 할 수 있는 것은 무엇인가요?

고민만 하는 것보다는 적극적으로 내가 할 수 있는 일들을 찾아보는 것이 중요합니다. 무의식은 크든 작든 지금 당장 나에게 닥친 고민이나 문제를 해결하기 위해 모든 전력을 다하기 때문입니다.

앞으로의 일 중 가장 두려운 것은 무엇인가요?

기대 • 배신 • 실패 • 나태 • 변화 • 외로움
도전 • 병 • 타인의 시선 • 무관심 • 실수

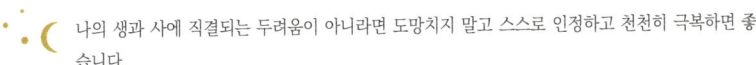

나의 생과 사에 직결되는 두려움이 아니라면 도망치지 말고 스스로 인정하고 천천히 극복하면 좋습니다.

# 새로 기르고 싶은 습관은 무엇인가요?

습관은 거의 모두 무의식이 주관하는 영역입니다. 새로 기르고 싶은 습관을 설정하고 습관화하기 위해 71번 문항과 같이 시작하면서 찾아오는 6번 위기를 넘기고 6주간의 적응 기간, 그리고 6개월을 거친 후 무의식에 정착이 된다는 것 잊지 마시고 여유를 가지세요.

Q. 093

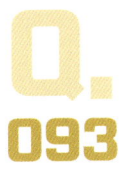

내가 변하거나 고쳤으면 하는 점은 무엇인가요?

내가 변하거나 고쳤으면 하는 점은 무의식의 영역으로, 변하거나 고치려면 충분한 시간이 필요할 수 있습니다. 지금 해야 할 일은 알아차림으로 변화를 시작하는 것입니다.

Q. 094

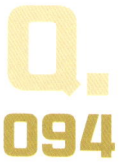

내 아이가 어른이 되었을 때 아이에게 어떤 말을 듣고 싶나요?

생존의 측면에서 본다면 아이는 내 유전자를 물려받아 내가 종족 번식의 역할을 완벽하게 수행했다는 증거물이기도 합니다. 그만큼 소중하고 제2의 자아라고 할 수 있습니다. 그렇기에 무의식적으로 아이에게 듣고 싶은 말은 또 다른 나에게 듣고 싶은 말일 수도 있습니다.

Q. 095 내 아이가 어른이 되었을 때 아이에게 듣기 싫은 말은 무엇인가요?

94번 문항과 마찬가지로 아이에게 듣기 싫은 말은 또 다른 나에게 듣기 싫고 감춰버리고 싶은 말일 수도 있습니다.

죽기 전에 꼭 해보고 싶은 것은 무엇인가요?

원하는 것을 자유롭게 생각해 보세요. 무의식은 이것을 기억하고 있다가 언젠가 '내가 죽기 전에 하고 싶었던 것이었는데 지금 하고 있네'라고 할 수 있는 날이 올 수 있도록 도와줍니다.

만약 다음 생이 있다면 다시 태어나고 싶으신가요?
태어나고 싶다면 무엇으로 태어나고 싶으신가요?

다음 생에 되고 싶다고 생각한 것은 나에게 중요한 가치관이 투영된 것으로 실현을 했다면 또다시 같은 삶으로 태어나길 바랄 테고, 환경적 요인으로 실행하지 못했다면 다른 삶으로 태어나길 바라겠죠.

나의 미래

내가 죽었을 때 장례식에 꼭 왔으면 하는 사람은 누구인가요?

지금 현재의 인연에만 국한하지 말고, 과거의 인연도 생각나면 적어보세요.

나의 묘비명에 넣고 싶은 말은 무엇인가요?

묘비명은 지금까지 살아온 삶을 사랑하는 사람이나 누군가에게 전하기 위해 단 한 문장으로 요약한 것입니다. 내가 없는 세상에 남을 단 하나의 나만의 문장, 무엇으로 할 건가요?

나는 주변 사람들에게 어떤 사람으로 기억되고 싶나요?

다른 관점에서 보면 행복하기 위해 살아온 것보다 아름답게 잘 죽기 위해 살아온 것일 수도 있습니다. 그 과정에서 어떤 사람으로 기억되고 싶나요?

나의 미래에 대해 느껴지는 감정에
O **체크해 보세요.**

희망차다 • 고맙다 • 기쁘다 • 두렵다

혼란스럽다 • 괴롭다 • 답답하다 • 부럽다

자신만만하다 • 행복하다 • 힘나다 • 설레다

얄밉다 • 힘들다 • 마음 아프다 • 미안하다

슬프다 • 자랑스럽다 • 서럽다 • 쓸쓸하다

외롭다 • 후회스럽다 • 억울하다 • 짜증나다

화나다 • 편안하다 • 안심되다

10년 후의
나에게 쓰는

편지

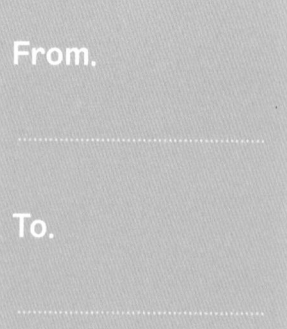

◎ 10년 후의 나에게 쓰는 편지

10년 후의 나에게 쓰는 편지